두 도구 이야기

두 도구 이야기

성과를 이끄는 답은 어우러짐에 있다

초 판 1쇄 2025년 11월 07일

지은이 김동환
그　림 이안나
펴낸이 류종렬

펴낸곳 미다스북스
본부장 임종익
편집장 이다경, 김가영
디자인 임인영, 윤가희
책임진행 김은진, 이예나, 김요섭, 안채원, 국소리

등록 2001년 3월 21일 제2001-000040호
주소 서울시 마포구 양화로 133 서교타워 711호
전화 02) 322-7802~3
팩스 02) 6007-1845
블로그 http://blog.naver.com/midasbooks
전자주소 midasbooks@hanmail.net
페이스북 https://www.facebook.com/midasbooks425
인스타그램 https://www.instagram.com/midasbooks

ISBN 979-11-7355-573-2 02320

값 **17,500원**

미다스북스는 다음세대에게 필요한 지혜와 교양을 생각합니다.

성과를 이끄는 답은 어우러짐에 있다

두 도구 이야기

김동환 지음

경제의 정체기, 우리가 알아야 할 두 가지 도구의 비밀

"논리와 직관은
어떻게 성과를 만들어 내는가"

미다스북스

두 도구에 관한 이야기

물리학을 전공한 사람과 경영학을 공부한 사람이 같이 일하게 하면 성과가 잘 나지 않습니다.

물리학은 직관을 동원하는 학문이고 경영학은 논리를 사용하는 전공임을 서로 모르는 경우에 그런 일이 발생합니다.

성과는 논리(logic)와 직관(intuition)의 어우러짐으로 일어납니다.

어우러짐이 목표다

그런데, 우리의 교육은 양단의 도구를 모두 익히도록 우리를 가만히 놔두질 않았습니다.

우리가 성과를 잘 내려면 이 양계농장의 이야기를 통해 두 도구에 대해 더 알아갈 필요가 있습니다.

왜냐하면, 현실에서 두 도구가 어우러져야 할 결정적인 순간에 서로의 도구에 대해 어색해하지 않기 위해서입니다.

두 도구에 익숙해졌다면, 우리도 이제 성과를 낼 때입니다.

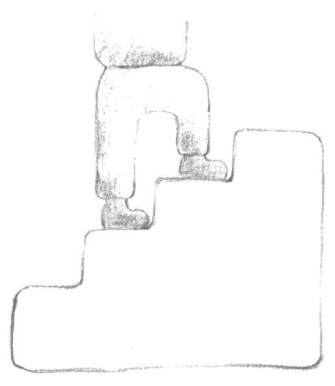

첫째 일꾼의 도구; 논리

둘째 일꾼의 도구; 직관

목차

제3장

서로를 받아들이게 하다

제4장

현장을 알 필요가 있다

제1장

둘의 차이를
느끼게 하다

차이를 알도록 과제를 주다

농장 주인; 둘을 고용하다

저는 작은 양계농장을 운영하고 있는 농장 주인입니다.

몇 년 전에 농장을 시작하여, 그동안 혼자서 농장일을 해 오고 있었습니다.

닭의 수가 많지 않을 때에는 혼자서 충분히 관리할 수 있었지만, 그 수가 점점 늘어나면서 혼자서 닭들을 돌보는 일이 힘들어졌습니다.

그래서 사람들을 고용하여 업무의 일부를 교육하면서 넘겨주기로 마음을 먹었습니다.

우선, 일꾼 둘을 고용하기 전에 마음속으로 고민을 많이 했습니다.

'어떤 사람을 고용해야 할 일을 잘 분배하고, 혼자일 때보다 나은 성과를 낼 수 있을까' 하는 고민입니다.

일반적인 이야기입니다만, 한 공간에 같이 일하게 하려면 구성원끼리 성향이 잘 맞아야 합니다. 그리고 서로가 가진 지식적 도구에도 익숙해지려는 노력을 해야 합니다.

면접을 보게 되었고, 긴 고민 끝에 두 사람을 최종적으로 고용하게 되었습니다.

그리고, 그 둘에게 이른 감이 있지만 바로 같이하는 과제를 내줬습니다.

양계농장에서 키우던, 하루에 한 개의 알을 낳는 암탉을 주고는 하루에 두 개의 알을 낳게 하는 방법을 찾아오라고 하였습니다.

난감해하는 표정이 눈에 선했습니다. 제 귀에 이런 목소리가 들리는 듯했습니다.

'이제 농장에 들어왔는데… 달걀을 두 배로 낳는 방법을 찾으라 하시니….'

어디서부터 시작해야 하는지….

책으로만 배운 도구로 시작하다

사료학; 논리적인 도구이다

일꾼 둘의 면접 이야기를 들려주려 합니다. 그들의 답변 속에는 둘이 가진 도구에 대한 특징이 들어있을 것이기 때문입니다.

첫째 일꾼에게 이런 질문을 던졌습니다.

'학교에 다닐 때 무엇에 관심이 있었느냐?'

첫째 일꾼은 다음과 같이 대답했습니다.

"저는 학교 수업에 충실한 편이었고, 생활도 교과서처럼 살았습니다. 대학 전공으로는 축산학을 공부하였습니다."

깔끔하고 단정한 옷매무새도 그의 교과서적인 성향을 말해주고 있었습니다.

연이어서 그는 대답했습니다.

"전공 수업 중에는 특히 사료 수업에 관심을 두고 공부했습니다.

그리고, 졸업 과제를 하면서 닭에게 사료가 주는 영향에 대해 잘 알게 되었습니다.

사료의 종류와 양에 따라 닭의 건강이 변하는 정도를 문서로 연구하여 발표하였기 때문입니다."

그의 말을 살펴볼 때, 아직까지는 그가 공부한 사료 과목이 논리적인 도구로서의 특징을 잘 드러내지 않은 것 같습니다.

농장의 리더로서 이미 해답을 알고 있었습니다. 어떤 둘을 채용해야 농장이 체계적으로 움직일 것인지에 대한 예측입니다.

둘째 일꾼으로 적합한 사람은 첫째 일꾼이 가진 논리를 보완할 지식적인 도구를 지닌 사람입니다.

여러 면접자 중에 한 지원자의 이야기를 귀담아 듣게 되었습니다. 그가 최종적으로 선발된 둘째 일꾼인데, 외모는 마치 보헤미안같이 자유로워 보였습니다.

동물음악; 직관에 기반한 도구이다

학교 때 무엇에 가장 관심이 있었느냐는 질문에 그는,

"저는 음악으로 저를 표현해 보고 싶었습니다. 그래서 음악과에 진학하게 되었습니다."라고 대답하였습니다.

그가 관심을 가지던 지식적인 도구에 대해서도 말을 이었습니다.

둘째 일꾼은 졸업 후 대중음악 작곡가로 활동할 예정이었다고 했습니다. 그런데 갑자기 동물복지에 관심을 두게 되어 동물음악을 공부하기 시작했다고 말했습니다.

둘째 일꾼의 대답을 통해서도 그가 배우고 익힌 도구인 동물음악 수업의 직관적인 면이 잘 드러나지 않는다는 것을 알 수 있습니다.

여기서부터, 두 일꾼이 과제를 수행하는 과정을 들여다보면서 각자가 가진 도구의 특징이 제대로 드러나는지 알아볼까요?

시간이 지나면서 익숙해지길 바라다

하나의 조직 내에서 구성원들의 성향이 맞지 않을 때에는 조직의 리더로서 그들을 다독이는 수밖에 없습니다.

서로의 지식적인 도구가 맞지 않아서 어찌할 바를 모를 때에도 그것에 대해 차근차근 알려주는 수밖에 없습니다.

그런데, 가장 효과적인 교육방식은 바로 쓰라린 실패를 맛보게 하는 것입니다. 그들은 그런 경험을 통해 도구의 진짜 모습을 배우게 됩니다.

둘은 서로의 도구를 제대로 알지 못한 상태로 일을 시작하면서 바로 도구의 사용에 충돌을 일으킵니다.

달걀을 더 낳게 하는 방법을 찾는다면서, 첫째 일꾼은 사료학이라는 도구를 가진 입장답게 사료를 더 주어야 한다고 주장했습니다.

그는 더 많은 양의 사료가 주는 효과를 논리적으로 설명합니다. 그 결과 닭의 생육이 좋아질 것이고 마침내 달걀을 더 낳게 될 것이라고 했습니다.

둘째 일꾼도 그가 가진 지식적 도구가 동물음악이다보니 그것만을 이야기했습니다.

닭이 온종일 먹이활동을 하느라 피곤할 테니, 음악을 들려주어 긴장을 풀어주는 편이 낫지 않겠느냐고 말했습니다.

저는 과제를 풀어가는 이 둘의 지식적인 도구 활동에 개입을 하지 않기로 했습니다.

다만, 시간이 지나면서 서로의 도구에 대해 익숙해지길 바랐습니다.

아직은 관심을 보이기 힘들다

첫째 일꾼은 저에게 예전에 무슨 종류의 사료를 주었는지 물었습니다. 어떠한 성분의 사료를 줬다고 알려주었습니다.

그랬더니 첫째 일꾼은 사료의 양을 날짜에 따라 표로 그렸습니다. 표에다 양의 변화를 숫자로 채워 넣고는 배분하는 양을 조금씩 늘려주었습니다.

둘째 일꾼은 이론적으로 조금이라도 더 알아보지 않고 다짜고짜 인터넷 쇼핑몰에서 스피커를 주문하였습니다.

그리고 그것을 농장의 기둥에다 설치하고는, 자신이 좋아하던 케이팝을 하나 골라 들려주기 시작했습니다.

농장 주인으로서 그저 둘을 바라보는 수밖에 없었습니다.

아직 자신이 가진 지식적인 도구도 깊이 파헤치지 못하는데, 다른 사람의 것에 대해 관심을 둔다는 것은 시간이 한참 흐르고 나서 기대해야 할 이야기인지도 모르겠습니다.

논리, 직관; 드디어 충돌을 일으키다

일을 처음 시작할 때 그런 경험을 적지 않이 하기도 합니다. 자신이 찾은 새로운 도구가 바로 답이 될 것 같은 느낌이 든다는 것입니다.

제가 보는 두 일꾼도 같은 태도로 일하는 듯했습니다.

첫째 일꾼은 사료를 더 주는 것이 해답일 것이라는 생각에 빠진 듯했고, 둘째 일꾼도 동물음악에 기반하여 선택한 케이팝이 성과를 내는 데에 결정적인 역할을 할 것이라는 듯이 굴었습니다.

어떤 일이든지 일의 돌아가는 상황을 알지 못하고 새로운 도구로만 무장을 해서는 성과를 내지 못하는 경우가 대부분입니다.

한 번에 바로 성과를 내는 경우는, 그저 구성원들이 운 좋게 그 상황에 맞는 도구들의 어우러지는 방법을 찾아낸 경우입니다.

아니나 다를까, 시간이 흐르면서 그 둘에게 기대한 바와 반대의 일이 벌어졌습니다.

첫째 일꾼은 사료를 늘려주고 둘째 일꾼은 음악을 들려주었는데도, 오히려 달걀을 낳는 주기가 더 늘어났던 것입니다.

이것은 두 도구의 어우러짐이 발생하지 않았다는 이야기이기도 합니다.

닭은 이제 하루에 한 개의 알도 낳지 못하는 상황에 처하게 되었습니다.

일꾼 둘 다 '어…?' 하는 표정을 지으며 자신이 찾은 새로운 도구가 오히려 부정적인 결과를 불러온 것에 당혹해 하였습니다.

더 체계적으로 조사하다

좀 더 알아볼 단계이다

일의 초보자들이 빠지는 또 다른 함정이 있습니다. 일의 조짐이 좋지 않더라도 자신이 생각한 방향으로 끌고 가려는 욕구가 강하다는 것입니다.

그 둘도 닭이 달걀을 낳는 주기가 늘어난 것에 대해 잠시 고개를 갸웃거리더니, 오히려 각자의 도구에 대해 더 공부해 보겠다고 하였습니다.

그래서, 첫째 일꾼은 사료에 대한 자료를 뒤지기 시작하고 둘째 일꾼은 자신의 도구인 동물음악을 좀 더 체계적으로 조사하는 데 뛰어들었습니다.

집착이라는 한계를 넘지 못하다

아직은 자신의 도구에 집착하다

자신의 지식적인 도구에 대해 오랜 기간 공부한다고 해서 그 활용을 객관적으로 안다고 할 수 없습니다.

아직은 나 자신의 도구로 성과를 내지 못했는데 그것을 안다고 표현하는 것은 이치에 맞지 않다는 이야기입니다.

그럴 때, 자신의 도구를 계속 공부하기보다 이웃의 도구를 직접 써 봄으로써 오히려 자신의 것을 객관적으로 바라볼 수도 있습니다.

이런저런 생각을 하고 있던 차에, 첫째 일꾼은 솔깃한 자료를 발견했다고 말해 왔습니다.

그 자료는 닭에게 주는 사료도 중요하지만 그것에 어울리는 음악을 골라야 한다는 내용이었습니다.

둘째 일꾼은 동물음악 전문가를 찾아갔더니, '들려주는 음악에 맞는 사료를 주라.'는 말을 들었답니다.

드디어 서로의 도구에 관심을 가지기 시작했는지 둘은 다시 머리를 맞대고 토론을 벌이기 시작했습니다.

내심 기뻤습니다.

그런데, '사료에 어울리는 음악?'이라는 자료와 '음악에 어울리는 사료?'라는 조언이 선뜻 와닿지 않는지, 더 이상 앞으로 나아가지 않았습니다.

애석하게도, 대부분 현장의 일들이 이렇게 흘러갑니다. 자신의 도구를 넘어 다른 사람 것에 눈길을 돌리다가 그만두게 됩니다.

첫째 일꾼은 주던 사료를 더 주겠다고 했고 둘째 일꾼은 다른 케이팝 음악을 들려주겠다고 하였습니다.

이런 상황에서는 달걀을 낳는 주기가 더 늘어날 뿐 달리 방법은 없어 보입니다.

내 도구가 더욱 옳다고 주장하다

어디까지 가 봐야 되나!

일꾼 둘의 얼굴에 불안감이 서서히 피어오르기 시작하였습니다.

첫째 일꾼은 자료를 더 찾아보았고 또 둘째 일꾼은 전문가를 찾아가 조언을 들었습니다.

그렇지만, 서로의 도구에 관심을 가지기에는 경험이나 지식이 충분치 않아서 자신의 도구에 더 집착하게 되었기 때문입니다.

흔히, 집착은 조급함을 낳고 결과적으로 초보 일꾼들에게 이런저런 시도를 더 하도록 만듭니다.

첫째 일꾼은 옥수수가 들어있는 사료를 먹여보겠다고 하였습니다.

그는 어디서 옥수수 사료를 소에게 먹이니 살이 쪘더라는 이야기를 들었다고 했습니다. 닭에게도 이 사료를 먹이면 살이 찌고 알을 더 낳지 않겠냐고 추측한 것입니다.

첫째 일꾼의 태도를 볼 때 논리라는 도구를 가진 사람이 맞는지 모르겠습니다.

조그마한 수준의 연구를 하는 사람도 논리적인 근거 없이 연구를 해서는 안 됩니다.

그런데, 그는 현장의 실무자입니다. 그 입장에서 절대로 해서는 안 되는 태도로 일을 하고 있다는 것입니다.

근거 없는 작은 결정이 큰 피해를 발생시킬 수 있기 때문입니다.

그런데, 둘째 일꾼도 이론도 제대로 찾아보지 않고 들려주는 음악을 바꿔보겠다고 했습니다.

그냥 머릿속에 떠오른 생각으로, 빠른 템포의 케이팝보다는 느린 발라드가 닭이 사료를 소화하는 데에 더 도움이 되고, 그래서 알을 더 낳지 않겠냐고 하였습니다.

둘째 일꾼의 태도도 직관의 도구를 사용하여 큰 틀을 제대로 그려보고 일하는 것인지 모르겠습니다.

두 일꾼 모두 안개 속으로 난 길을 따라 막연하게 걷는 듯이 보였습니다.

각자의 도구만으로는 얻지 못하다

일꾼 둘은 근거와 기준이 없는 상태에서 성과를 내기 위해 마냥 노력하고 있습니다.

닭은 옥수수 사료와 느린 발라드에 반응하여 알을 더 낳기보다는, 오히려 털이 더 부스스해지고 먹이를 쪼는 움직임도 느려져 갔습니다.

두 일꾼 모두 제 앞에서 탄식을 하였습니다.

"옥수수 성분이 든 사료를 먹이면 달걀을 더 낳을 줄 알았는데…." 첫째 일꾼이 읊조리듯 말하였습니다.

둘째 일꾼도, "닭이 사료를 소화하는 데에 느린 발라드가 더 나을 줄 알았는데…."라면서 말끝을 흐렸습니다.

결국 두 일꾼은 더 이상 새로운 도구를 생각할 힘도 없는지 머리를 감싸안은 채, 털이 부스스한 닭 앞에 덩그러니 앉았습니다.

의도는 관심을 가지도록 한 것

용기를 북돋우다

가르치는 사람으로서 그 둘에게 기분이 좀 상했습니다.

달걀을 더 낳게 하는 도구들과 그 어우러짐을 찾지 못해서가 아니었고, 그래서 닭의 건강 상태를 악화시켜서도 아닙니다.

포기한 듯한 그들의 표정 때문입니다.

원래 일이 잘 안 될 때, 특히 절망에 빠졌을 때 한 번 더 해 보는 것이 해답을 찾는 지름길이기도 합니다.

그러나 저는 상한 감정을 그대로 드러내지 않고 나지막이 그들에게 말을 이어갔습니다.

"너희에게 일부러 농장의 어려운 과제를 맡겼다.

내가 보고자 한 것은 둘이 얼마나 서로의 도구에 관심을 가지는지였단다."

제2장

서로를
관심으로 이끌다

성과를 위한 둘의 어우러짐 과정

기준이 먼저다

두 일꾼이 앉아 있던 바로 그 자리에서 성과를 위한 과정에 관해 자세한 설명을 하였습니다.

목표를 달성하려면 먼저 각 도구의 특징을 잘 알아야 한다고 했습니다.

"첫째 일꾼이 사용하는 사료는 논리의 도구로서 과제의 부분적인 이야기에 충실하단다.

그리고, 둘째 일꾼의 동물음악은 직관의 도구로서 일의 큰 틀을 중요시한단다.[1]

그런데, 이 정도의 지식으로는 각자가 가진 도구나 서로의 것에 대해 객관적으로 안다고 할 수가 없단다.

---

1   논리와 직관에 관한 자세한 설명은 제4장의 「논리, 직관; 보다 깊이 들여다 보다」에 있습니다.

그러니 서로의 도구를 어우러지게 사용할 동기를 찾기가 힘들지.

그리고, 성과는 큰 틀을 중요시하는 직관의 도구와 작은 부분을 강조하는 논리의 도구의 어우러짐으로 이루어진단다.

이 원리는 내가 현장에서 일을 하면서 스스로 터득한 것이란다."

그리고, 그 둘에게 새로운 도구들을 찾기 전에 해야 할 일에 대해 말하였습니다.

"그것은 일의 기준을 세우는 것이다.

달걀을 더 낳도록 하는 과제 속에서 찾아야 할 기준은 뭐가 되어야 할까?

바로 '건강한 닭'에 관한 기준을 세울 필요가 있다. 왜냐하면, 닭이 건강하지 않은 상태에서 알을 더 낳게 하는 것은 우리 농장도 바라는 바가 아니고 또 소비자들도 원하는 사항이 아니란다.

둘은 닭이 건강할 때 털의 윤기나 모이 활동 정도를 알아두어야 하고, 새로운 성분의 사료나 새로운 동물음악과 같이 도구를 바꾸더라도 이 기준에는 맞출 필요가 있다.

이제, 털이 부스스해진 닭부터 다시 건강하도록 만들어 주어야겠지?"

두 일꾼에게 성과를 위한 기준을 찾을 것과 일을 초기 상태로 돌릴 것도 말했습니다.

"내가 둘에게 닭을 건넬 때의 조건이 기억나는지 모르겠다. 처음에는 사료만을 먹었단다.

사료만을 먹이는 그때의 조건으로 되돌려 닭을 건강하게 만드는 것이 첫 번째 순서가 아닐까 한다.

닭을 다시 건강하도록 만들었다면 달걀을 두 배로 낳는 과제를 하는 것이 다음 차례라고 본다.

그런데, 시도를 해 보니까 사료만으로는 알을 두 개 낳게 하기 힘들었다. 자연스러운 방법을 찾자면 한 도구로는 한계라는 판단을 내린 것이다.

그래서, 논리의 도구인 사료와 직관의 도구인 동물음악을 적절히 어우러지게 하면 분명히 한계를 넘을 것이라고 생각했단다."

이 대목에서 왜 둘의 도구가 어우러져야 하는지 설명했습니다.

그리고, 과제 달성을 향한 남은 이야기들을 힘주어 이끌어 갔습니다.

"그런데, 둘이 진정으로 모르는 것이 뭐라고 생각하는지 묻고 싶다.

내가 보기에 그것은 달걀을 낳는 가장 기본적인 과정으로 보인다.

그 과정은 닭에게 사료만을 먹이는 상태에서 하루에 한 개의 알을 낳는 과정을 속속들이 이해하는 것이란다.

'이 사료를 닭에게 먹이니 어떤 기관에 영양이 공급되고, 그 결과로 알이 생성되어 하루에 한 개씩 낳는다.'라는 단순한 과정에 대한 이해 말이다.

이것을 알게 되면, 더 나은 성과를 위해 자신이 가진 도구와 달라도 그것에 관심을 가지게 된단다.

그리고, 하루에 한 개라는 기본적인 틀 속에서 달걀을 더 낳는 새로운 도구들을 찾아 새로운 큰 틀을 만듦으로 성과를 얻게 된단다.

그런데, 지금부터가 가장 중요하다.

새로운 도구들을 찾아냈다고 해서 대충 어우러지게 하면 성과가 나질 않게 된단다.

　그들끼리 세밀한 어우러짐을 이끌어 내야 한다는 이야기이다.

　첫째 일꾼의 도구인 사료는 동물음악에 어울리는 종류와 양이어야 하고, 둘째 일꾼의 동물음악도 사료에 맞는 종류여야 한다는 뜻이다.

　이제 달걀을 더 낳게 하는 일만 수행하면 되는 거다.”

　이 말을 끝으로 과제 달성에 관한 긴 설명을 마쳤습니다.

원래대로 하루에 한 개 낳게 하기

맨 처음으로 되돌리기

이제부터 털이 부스스한 닭이 하루에 한 개의 알을 낳는 닭으로, 거기서 하루에 두 개의 알을 낳는 닭으로 변해가는 과정을 보여주기로 했습니다.

다시 하루에 한 개의 알을 낳는 닭으로 되돌리려면, 건강 상태를 처음 그대로 되돌려야 합니다. 털의 윤기도 그렇고 모이 활동 정도도 그렇게 회복이 되도록 환경을 조성해 줄 필요가 있습니다.

일꾼 둘에게 닭의 생육조건을 단순하게 만들어 가자고 말 했습니다.

첫째 일꾼이 새로운 도구로 제시했던 옥수수 사료는 그만 주도록 하고, 처음에 둘에게 닭을 건넬 때의 그 사료를 주자고 했습니다.

그리고 둘째 일꾼에게는 동물음악은 아예 들려주지 말자고 말했습니다.

그런데, 닭의 건강이 처음으로 되돌아 갈 기미가 보이지 않았습니다.

머릿속 계산으로는 생육조건을 처음과 같이 만들어 주면 금방 회복이 될 줄 알았는데, 닭은 그렇게 반응하지 않았던 것입니다.

성과는 그렇게 쉽게 오지 않습니다

그래서 첫째 일꾼에게 사료의 양을 조금 덜 줘 보기로 하자고 제안을 하였습니다.

또 닭은 반응을 하지 않았습니다.

그러다가 처음에 주던 양과 줄이게 된 양 사이의 수치로 사료를 줘 보기로 하였습니다.

그랬더니, 차츰 닭의 털에 윤기가 돌기 시작하고 모이를 쪼는 움직임도 활발해졌습니다.

드디어, 달걀을 낳는 주기도 줄어들었습니다.

건강이 나빠졌던 닭은 일주일에 겨우 한 개의 알을 낳다가 이제는 사흘에 한 개를 낳습니다.

이윽고, 둘에게 건네던 그대로 하루에 한 개를 낳기 시작했습니다.

두 일꾼의 얼굴에도 조금씩 안정감이 돌기 시작했습니다.

이제, 두 일꾼에게 논리와 직관의 새로운 도구로 성과를 달성하는 방법을 보여줄 차례입니다.

이 다음 단계부터는 서로의 도구를 객관적으로 알지 못하면 성과에 도전할 수 없습니다. 그 과정에서 도구들 간의 세세한 어우러짐에 대해서도 알아갈 것입니다.

하나는 고정하고 다른 것을 움직인다

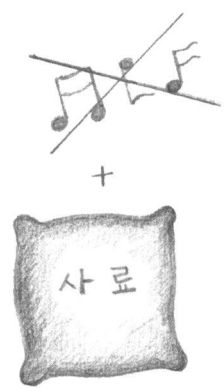

일꾼 둘은 이미 사료라는 도구와 동물음악이라는 도구가 성과에 어느 정도는 관련이 있다는 것을 알게 되었습니다.

그러나, 도구들의 어우러짐은 어떤 원칙이 있는지 그래서 어떻게 세세하게 조정하며 사용하는지는 알지 못했습니다.

도구들의 어우러짐의 원칙은 다음과 같습니다.

하나의 도구에 변화를 주려면 다른 도구의 사용 조건을 고정시켜야 합니다.

즉, 사료를 더 주고 싶거나 종류를 바꾸고 싶으면, 동물음악은 같은 것으로 들려주어야 합니다.

반대로, 들려주는 동물음악을 바꾸고 싶다면 사료의 종류와 양을 일정하게 유지해야 합니다.

두 도구의 사용 조건을 동시에 바꾸면, 생육 상태가 바뀐 도구와 어떻게 연결이 되는지 알기 힘듭니다.

예를 들자면, 털의 윤기가 특정한 상태에서 사료의 양도
조절하고 동물음악의 종류도 바꿔버리면, 윤기에 영향을 준
것이 조절된 사료의 양인지 바뀐 동물음악인지 알기 힘들다
는 뜻입니다.

　그래서, 동시에 바꾼 어우러짐은 객관적인 자료라고 할 수
없습니다.

　그리고 만약 닭의 건강이 나빠지면 특정 사료의 종류와 양
이 원인인지 특정 동물음악이 원인인지 알기가 어려워지므
로 원래대로 돌리기 힘들어집니다.

새 도구를 더하여 두 배로 낳게 하기

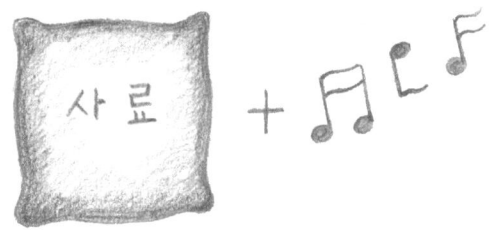

사료의 종류는 바꾸지 않다

드디어 일꾼들에게 달걀을 두 배로 낳는 과정을 보여주기로 마음을 먹었습니다.

그런데, 예전에 썼던 도구를 가지고 수행하는 것이 아니라서 긴장이 되기 시작했습니다.

구체적으로, 사료의 종류는 바꾸지 않고 양도 그대로인 채 두고, 둘째 일꾼에게는 들려주지 않던 음악을 다시 들려주자고 지시했습니다.

음악의 종류는 실패했던 케이팝이나 느린 발라드 대신, 빠른 템포의 컨트리 음악이나 첼로로 연주한 클래식을 테스트해 보기로 했습니다.

어떤 종류의 음악에 반응할까요⋯?

빠른 컨트리 음악에는 그다지 편안한 움직임을 보이지는 않았습니다. 저도 그럴 것이라 예상은 했었습니다.

빠른 리듬의 음악은 활동성을 더할 수는 있지만, 피로를 줄이고 편안한 분위기를 만들기에는 너무 에너지가 높다는 생각이 들었습니다.

이윽고 둘째 일꾼에게 첼로로 연주한 중후한 클래식으로 바꾸어 틀어주자고 말했습니다.

그랬더니 닭은 편안한 모이 활동을 보이는 듯했습니다. 달 걀도 이틀에 걸쳐 세 개를 생산하기 시작했습니다.

음악으로 클래식을 들려주기 전에도 이미 이런 결과가 나올 것이라는 느낌은 있었습니다.

그런데, 이틀에 세 개를 생산하는 것이 한계였습니다. 더이상 달걀의 개수가 늘지 않자 또 고민이 시작되었습니다.

또 다른 어울리는 도구 찾기

클래식은 바꾸지 않기로 하고,

이틀에 세 개의 달걀이라는 한계를 넘기 위해 새로운 시도가 필요했습니다.

제가 첫째 일꾼에게 말했습니다. 클래식은 그대로 두고 사료의 종류를 바꿔보자고 말입니다.

어떤 성분이 들어간 새로운 사료를 먹일까… 고민이 되었습니다.

불현듯 이웃 양계농장 주인이 말한 말린 구기자가 떠올랐습니다. 말린 구기자를 사료에 첨가하여 먹이니 달걀의 노른자가 더 선명해지고 알을 더 낳게 되었다던 이야기입니다.

우리 농장에는 말린 구기자가 없어서 기성품 구기자 사료를 주었습니다.

사료의 종류를 바꾸고 나서도 당장은 성과로 나타나지 않았습니다. 닭에게 시간을 줄 필요가 있다는 뜻입니다.

다시 몇 주가 흘렀습니다.

그런데, 이번에는 닭의 건강 상태가 심상치 않았습니다.

첼로 클래식은 그대로 두고 구기자 사료를 먹였는데, 털이 푸석푸석해지고 먹이를 쪼는 움직임도 이상하리만치 느려졌습니다.

그래도 농장 주인으로서 뚝심 있게 구기자 사료를 테스트해 보기로 했습니다.

세밀한 조정이 큰 차이로 돌아온다

일꾼 둘에게 달걀을 두 배로 낳는 성과를 보여준다고 하였는데, 이제 점점 둘의 눈치가 보이기 시작했습니다.

그러다가 문득 시도하지 않았던 부분이 떠올랐습니다. 구기자 사료의 양을 세밀히 조절해 보지 않았던 것입니다!

그래서, 첫째 일꾼에게 구기자 사료를 조금 더 주자고 했습니다.

결과는 어땠을까요.

달걀의 노른자는 선명해졌습니다. 그런데, 달걀을 더 낳지는 않았습니다.

혼란이 오기 시작했습니다. 이웃 농장 주인이 잘못 알려준 것일까 아니면 내가 잘못 기억하고 있는 걸까….

일꾼 둘이 닭의 상태를 절망으로 몰아갔던 상황에 비해 지금이 낫다고 할 수가 없었습니다.

살펴보니 오히려 닭털이 부스스하다 못해 빠지기 시작하고 또 모이 활동은 더 힘이 없어 보였습니다.

조건이 하나 남다

어떤 일에서 우리는 세밀한 조정이 큰 결과 값의 차이를 만드는 경우를 많이도 봅니다.

달걀을 더 낳게 하는 이 과제도 세밀한 조정을 통해 큰 결과를 낳도록 하고 있습니다.

이제는 마지막 조건만 남았습니다.

사료를 처음보다는 조금 더 많이, 바로 이전보다는 조금 적게 주는 조건이었습니다.

첫째 일꾼의 수고로 사료를 공급하고는 다시금 몇 주가 흘렀습니다.

다행스럽게도 부스스한 털 가운데 새로운 털이 조금씩 나오기 시작합니다. 모이를 쪼는 움직임도 점점 활기가 돕니다.

그러던 며칠 후, 우리 모두가 바라고 바라던 그 일이 일어났습니다.

모두가 잠든 새벽에 드디어 닭이 달걀을 두 배로 낳은 것입니다.

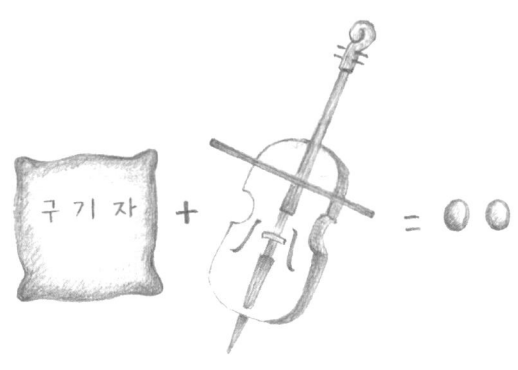

구기자 사료 + 클래식 = 바라던 성과

성과는 서로를 관심으로 이끈다

서로의 것에 대해 더 알아보자

"휴—" 하고 일꾼 둘은 긴 안도의 한숨을 내쉬었습니다.

그러면서 기쁜 듯이 닭을 쳐다보았습니다.

둘은 "비록 저희 둘이 찾아낸 새로운 도구와 어우러짐은 아니지만, 달걀을 더 낳게 되어 기뻐요!

왜 서로의 도구에 귀를 기울이라고 하신지 알 것 같아요." 라고 말했습니다.

그들은 성과 달성에 직접 참여함으로 서로의 도구에 더 각별함을 느끼는 듯했습니다.

이어서 그 둘이 알아두면 앞으로 일하는 데 도움이 될 만한 이야기를 해 주었습니다.

제가 두 도구 모두에 친숙했던 배경에 관한 이야기를 하려는 것입니다.

두 도구를 모두 전공했다

둘 다 공부하다

두 도구에 친숙하게 된 배경은 제 학창 시절의 이야기였습니다.

"대학을 다닐 때에 나는 축산학과 음악을 동시에 전공했단다.

우리 농장 일에 필요한 수업을 그때 수강하게 되었는데, 축산학 전공에서는 사료 수업을, 음악과에서는 동물음악 과목을 듣게 되었단다.

이 이야기는 내가 대학을 다닐 때부터 논리와 직관에 동시에 익숙했다는 소리이다.

그리고 학교에서 배운 지식적 도구를 농장의 창업에 다 써 보았단다. 물론, 실패와 성공의 반복은 있었지만 그 도구가 현장에 적용되는 가운데 주의해야 할 점들을 알게 되었단다."

이 이야기를 끝으로, 사료와 동물음악으로 성과를 내는 과정을 모두 보여주었습니다.

제3장

서로를
받아들이게 하다

현실의 도구도 둘뿐일까

여럿도 두 부류로 나뉜다

이 이야기가 현실에 적용이 될 수 있느냐 아니냐는 매우 중요합니다. 그렇지 않으면, 공허한 이야기로 남기 때문입니다.

이 이야기 속의 이상적인 경우와는 달리, 닭은 실제로 농장에서 물도 마시고 지렁이도 쪼아 먹습니다. 현장에서 성과를 내기 위해서는 여러 가지의 도구가 필요하다는 말입니다.

우리가 분명히 알아낸 것은 성과는 논리와 직관의 어우러짐으로 주어진다는 사실입니다.

이는 자연스러운 현상입니다.

그러니, 성과에 필요한 현장의 도구들을 두 범주로 나누어도 큰 무리가 없는 것입니다.

역으로 성과를 낸다는 것은 분류한 도구들을 어우러지도록 배치하는 것입니다.

두 도구의 특징은

부분 강조 vs 큰 틀 강조

과제가 성과를 내려면 대부분 두 부류의 도구가 동시에 갖추어져야 합니다.[2]

저는 두 일꾼이 도구의 차이를 조금 더 알았으면 해서 설명을 하기 시작했습니다.

그러면서, 스스로 두 도구의 차이를 받아들인 배경에 대해 이야기하고 싶었습니다.

"부분의 역할을 강조하는 사료 수업은 사료의 특정 성분으로 인한 닭의 부분적인 변화를 차근차근 확인하는 방식이었단다.

구기자 사료를 닭에게 먹였을 때 먼저 깃털에 윤이 나는가를 관찰했다. 그다음으로 살이 찌는지를 확인해 나갔단다.

---

2   자연 현상이란 가끔 기적을 보여줍니다. 그래서, 하나의 도구만으로 달걀을 두 배로 낳게 하기도 합니다. 그러나, 이런 경우는 기적처럼 드문 경우입니다.

달걀을 두 배로 낳았느냐와 같은 성과 달성 확인은 대개 나중에 하였다.

이에 반해 큰 그림, 큰 틀을 중요시하는 동물음악은 처음부터 달걀을 낳는 전체적인 과정에 관심을 두었단다.

그다음은 닭이 편안함을 느끼면서 알을 더 낳게 하는 도구들을 찾아 나서는 거였다."

그 차이를 받아들이다

각각이 재미가 있었다

마침내 두 일꾼에게 도구의 차이를 받아들인다는 것의 진정한 의미에 대해 말하였습니다.

"무엇을 받아들인다는 것은 실천을 하여 결과를 낸다는 의미이다.

여기서는 상대의 도구와 내 도구를 어우러지게 하여 성과를 달성했다는 것이다.

그리고, 나는 사료와 동물음악 수업을 동시에 공부하면서 방식이 다르다는 것에 오히려 흥미를 느꼈단다.

동물음악 수업은 당장 할 공부가 많더라도 나중에는 큰 그림을 보게 하니, 과제 달성의 도구들을 찾는 데에 훨씬 큰 도움을 주었단다.

이것은 다른 직관을 동원하는 수업의 특징이기도 하다.

사료 수업은 특정 성분의 사료가 당장 털의 윤기를 달라지게 하는 등, 바로 반응을 보이는 부분들을 관찰하게 하였단다.

물론 최종적인 성과는 나중에 확인하는 방식이어서 전체적으로 지루한 전개를 보이기도 했단다.

대부분의 논리적인 수업은 이런 특징을 가졌단다.

그리고 특히 주의해야 할 것은 서로의 도구를 대하고 받아들이는 두 가지 태도이다.

먼저 상대가 갈고닦은 도구에 예를 갖추어야 한다. 겸손해야 한다는 뜻이지. 이를 통해 상대의 것으로 가는 장벽을 낮출 수가 있다.

그리고, 상대의 도구가 내 것과 어떻게 어우러지는지 치열하게 배우려는 태도도 중요하단다."

교육으로 균형을 맞출 필요가 있다

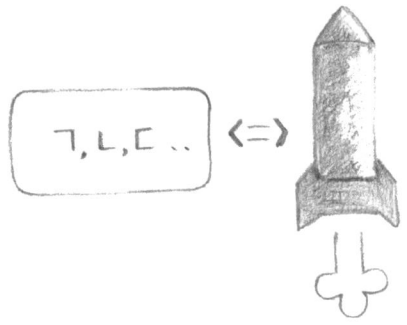

국어 vs 물리

우리가 현장에서 성과를 잘 내려면 적어도 고등학교 교육부터 두 도구에 대한 학습의 균형이 갖추어져야 한다고 봅니다.

그런데, 학생들은 주로 좋아하는 과목만을 열심히 공부하는 경향이 있습니다. 그래서 그 과목이 주로 알려주는 도구만을 수련합니다.

균형이 잡히지 않은 학습 방식입니다.

도구를 균형 있게 사용하려면, 고등학교의 어떤 과목이 대학의 무슨 과목으로 연결이 되는지 알아볼 필요가 있습니다.

고등학교의 물리 수업은 전반적인 틀을 알게 하니, 대학의 동물음악 수업과 비슷하다는 생각을 했습니다.

성과를 달성하기 위해 새로운 틀을 구현해야 하는데, 이는 자신이 찾는 큰 틀을 뻔쩍하고 떠올리게 하는 물리 수업의 방식과 비슷하다는 것입니다.

국어 수업은 대학의 사료 수업과 비슷하다고 생각했습니다.

자신이 주장하려는 바를 논리적으로 차근차근 풀어가는 방식이, 특정 성분의 사료가 닭의 생육에 어떤 변화를 주는지 차근차근 관찰해 나가는 사료 과목과 같다는 것입니다.

분명한 것은 고등학교의 수업방식이 대학의 수업방식으로도 이어진다는 점입니다.

그런데, 고등학교 때부터 특정 과목의 도구를 좋아하던 습관이 대학으로도 이어지면, 익숙지 않은 도구에 대해 관심을 갖기가 어려워집니다.

그래서, 일찍부터 양단의 도구에 익숙해지는 학습을 시작하는 것이 낫다는 것입니다.

이는 교육이 학생들을 이끌어야 할 부분이라고 봅니다.

도구의 활용에는 적절함이 필요하다

우리, 지킬 선이 있다

그리고 두 일꾼에게 일을 할 때 지켜야 할 선이 있다고 알려주었습니다.

"농장 일을 갓 시작하던 때에는 실수가 많았단다. 학교에서 배운 사료와 동물음악이라는 도구를 농장 일에 바로 적용할 때였으니까.

달걀을 더 낳도록 하는 방법을 찾던 어느 날, 나는 닭이 가장 많은 알을 낳는 사료성분을 발견했단다.

얼마 지나지 않아 달걀을 가장 많이 낳는 동물음악도 골랐단다.

엄청난 기대감을 안고는 달걀을 가장 많이 낳는 두 조건을 합치기로 결정했지.

대부분 이 대목에서 성과가 좋았을 것이라고 평가들을 하시더구나.

그러나, 살아났으니까 망정이지 그때 닭들의 건강 상태가 크게 위협을 받았단다.

무턱대고 최고의 두 조건을 합친 것은 나의 큰 욕심이었다."

그리고 둘에게 부탁할 이야기로 마무리했습니다.

"건강한 닭에게서 나는 싱싱한 달걀은 시장의 소비자가 가장 원하는 기준이기도 하다.

그리고 동물복지의 차원에서도 넘지 말아야 할 선이기도 하다.

선을 지킬 것을 부탁한다."

제4장

현장을
알 필요가 있다

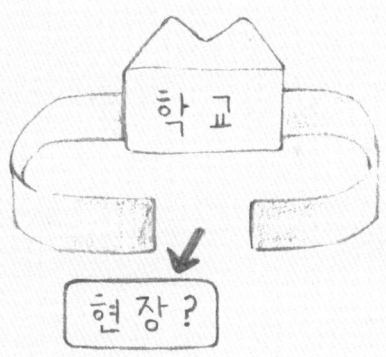

도구는 수시로 벼리도록 한다

벼리고 고칠 필요가 있다

학교에서 갓 배운 도구로 현장에서 성과를 내려고 할 때 알아두면 괜찮을 이야기가 있습니다.

학교에서 도구 학습은 여러 가능성을 두고 전체적으로 배우는 바, 다루는 부피가 큽니다.

그러나 학교의 도구로 현장에서 성과를 내려고 할 때, 다듬어지고 부피가 줄여져서 핵심을 지르는 정도가 훨씬 날카로워야 합니다.

그리고 학교의 도구가 현장의 것으로 거듭나면, 구성원들은 많은 말보다도 눈짓이나 제스처로 일을 처리해 나갈 수 있습니다.

정제된 도구는 갖추어야 할 정체성을 충분히 갖추고 있기 때문에 많은 의견 조율이 필요하지 않기 때문입니다.

둘에게 정제된 도구를 현장에서 어떻게 다루는지 알려주었습니다.

"아주 옛날에는 사람들이 직접 사냥해서 식량을 구했다는 사실을 잘 알 것이다.

뿐만 아니라 평소에 사냥의 도구인 돌을 갈고 다듬었다는 사실도 알 것이다.

그런데, 현대의 사냥 도구인 지식이라는 도구를 소홀히 다루는 사람들을 많이도 봐 왔다.

그것으로 돈을 사냥해야 하는데, 무뎌진 도구를 그냥 쓰는 사람, 부서진 것도 고치지 않는 사람들을 말이다.

이런 도구로도 사냥은 할 수 있다.

그러나, 시간이 갈수록 돈이 제대로 벌리지 않고 벌게 되더라도 일의 토대가 점점 무너지는 경험을 하게 될 것이다.

나는 둘에게 경각심을 주고 싶었다. 지식 사냥의 도구가 얼마나 중요한가를 알도록.

그래서 너희 둘에게 어려운 과제를 준 것이다. 경험담을 듣거나 글로만 읽어서는 고치고 벼리는 일의 소중함을 알기가 힘들거든."

두 도구는 과학의 영역에 있다

'버리고 고치다….'

일꾼 둘은 이 말을 곱씹었습니다.

이런 때에 지식이라는 도구에 대해 완전히 알려줄 필요가 있겠다는 판단이 들었습니다.

"도구를 버리고 고치는 일에 익숙해지려면, 먼저 그 지식의 도구가 어떻게 구성되어 있는지 알 필요가 있단다.

지식은 크게 과학적인 부분과 감성적인 부분으로 이루어져 있다.

농장 일을 하다가 닭이 힘이 없어 보이고 측은해 보인다면, 그 사람은 감성적인 지식을 지녔다고 할 수 있다.

이 감성의 도구는 우리로 하여금 닭을 건강하게 하려는 목표로 몰아붙이지. 성과 대상과의 정서적인 교감이 이래서 중요하단다.

그런데, 감성의 도구만으로는 우리가 원하는 성과를 달성할 수가 없단다. 구체적인 방법은 모른 채 열심히만 일하는 경우이다.

결과는 뻔하겠지.

일의 추진체계를 만들기 위해 필요한 것이 과학적인 지식이다.

바로 논리와 직관이다."

학교 시험과 현장의 도구 비교

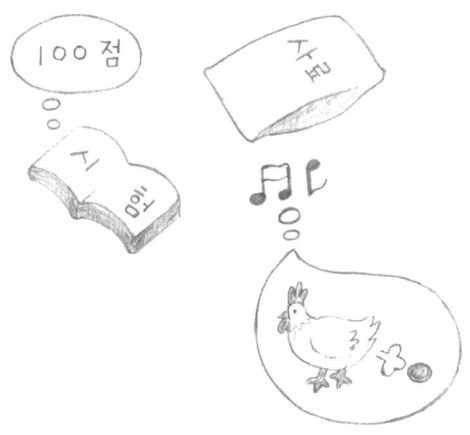

또, 학교의 지식학습과 현장을 위한 도구 준비의 차이를 설명하였습니다.

"학교의 시험은 어떤 과목이든 100점을 맞는 것이 중요하다.

그러나, 현장을 위한 도구 준비는 굳이 100점을 맞기 위해 노력할 필요가 없단다.

여러 도구를 빠짐없이 준비하되, 그 도구들을 잘 어우러지게 쓰면 되는 것이란다.

그리고, 여러 도구를 빠짐없이 준비하라고 한 것은, 현장의 도구는 하나만 제대로 사용할 줄 몰라도 모든 일을 그르치는 경우가 생기기 때문이다."

논리, 직관; 보다 깊이 들여다보다

이제부터, 과제에 필요했던 두 부류의 도구를 깊이 들여다 볼까 합니다.

첫째 일꾼이 배우고 익혔던 사료 수업은 전형적인 논리의 도구입니다.

이야기의 작은 부분에서부터 시작하여 점점 큰 틀로 우리들의 관심을 옮겨갑니다.

닭에게 특정 성분이 든 사료를 먹이면 털의 상태는 어떻게 변하는지, 모이를 쪼는 움직임은 또 어떻게 변해가는지 차례차례 확인을 해 나갑니다.

이 도구로만으로도 성과를 달성할 수 있습니다. 그렇지만 시간이 너무 오래 걸립니다.

논리의 도구는 과제 수행 전에 큰 틀을 알기 어려우니 방향을 잡기가 어렵습니다. 자칫 잘못하면 흥미로운 이슈들에 이끌려 큰 틀의 흐름을 놓칠 수 있다는 이야기입니다.

그러면 불필요한 시도들을 많이 하게 되고, 과정도 복잡해져서 성과 달성의 가능성도 낮아집니다.

그러면, 둘째 일꾼이 공부한 직관에 기반한 도구인 동물음악을 들여다보겠습니다.

동물음악 수업은 달걀을 낳는 큰 그림, 큰 틀에 관심이 많습니다.

기능적으로 큰 틀을 구성하는 데에 필요한 도구들을 찾는 훈련을 하게 합니다.

동시에, 현재 성과에 영향을 주는 도구들끼리 서로 어떻게 연결이 되어 있는지도 알게 합니다. (현재의 메커니즘[3]을 알게 합니다.)

3   현재 '일이 되어가는 모습'입니다.

직관이 이미 존재하는 틀의 기본을 알게 했다면, 우리로 하여금 새로운 큰 틀을 찾아 나서게 합니다.

새로운 큰 틀은, 이미 있는 도구들과 새로운 도구들 또는 새로운 도구들만의 어우러짐으로 완성이 됩니다.

이 과제에서 동물음악은 닭이 달걀을 낳는 기본 과정에 대해 이해를 돕는 도구가 됩니다.

기본적인 틀을 알고 나서, 새로운 사료나 새로운 동물음악을 찾아 나서게 합니다.

동물음악이 주로 사용하는 직관의 도구는 우리가 새로운 사료나 새로운 동물음악을 찾았을 때, 그 도구들끼리 어떻게 연결되어 성과를 내는지 예측하게 합니다.(미래의 메커니즘을 알게 합니다.)

이런 새 도구들과 새 메커니즘을 바탕으로 과제를 수행하여 원하는 성과를 얻습니다.

그러나, 직관의 도구도 약점은 가지고 있습니다.

직관의 도구는 우연히 일어나는 일에 소홀해지기 쉽습니다.

우연에 소홀하다는 말을 달리 해석하면, 근거가 없거나 합리적인 예측이라는 판단이 들지 않으면 과제수행의 시작도 하지 않는다는 뜻입니다.

그러나, 세상의 많은 유용한 발견이 우연히 이뤄지는 경우가 많습니다. '어떤 사람을 우연히 어떤 단체에 일하게 해 보니 잘 맞더라'라고 알게 되는 것처럼 말입니다.

그래도 큰 틀을 중요시하는 직관의 도구가 성과를 효율적으로 달성하게 합니다. 부분을 강조하는 논리에 비해 개방적이기 때문입니다.

즉, 동물음악은 달걀을 더 낳게 하는 기본 과정을 알아가는 가운데, 논리의 전형적인 도구인 사료의 필요성을 알려주기도 한다는 말입니다.

둘의 어우러짐은 성과로 드러난다

논리 + 직관 = 드라마틱한 성과

일의 핵심에 이르는 길, 사물의 본질적인 측면을 찾는 길은 같다고들 합니다.

그런데, 우리는 세상의 학문을 다 공부할 수는 없습니다. 또 동시대를 살아가는 사람들의 사고 체계도 다 들여다볼 수 없습니다.

지식적인 도구들을 익히는 데 무한한 시간을 들일 수 없음에, 우리는 주로 청소년기나 청년기를 거치면서 평생을 살아갈 교육을 받습니다.

그러나, 그 교육이 우리의 세상을 보는 눈을 제한적으로 만들어 버립니다.

우리나라 교육이 지식적 도구들을 나누어 가르치기 때문입니다.

학문 발달도 정치의 역사 흐름을 따릅니다. 그렇기 때문에, 특정 학문에서 권력을 가진 사람들이 특정한 도구를 선호할 가능성이 있었다는 것입니다.

그러면, 그 학문 안에서는 주로 정해진 도구로 진리를 탐구하게 됩니다.

그런 시간이 오래 지속되면, 특정 학문 내의 사람들은 진리를 부분적으로 보게 됩니다.

요즘의 현실로 이야기하자면, 하나의 진리가 각 전공마다 다르게 표현된다는 뜻입니다.[4]

---

4 특정 학문이 특정한 발달 방식을 띤다는 것은 고대 그리스 철학자인 아리스토텔레스 시대부터 있던 이야기입니다.

그도 학문 간의 교류를 주창했었습니다. 이는 현대에 넘어와서 생긴 개념인 '여러 분야를 어울리게 하여 새롭고도 유용한 무엇인가를 만든다'는 융합과는 다른 접근입니다.

학문 간의 교류를 나름대로 정리하자면 다음과 같습니다.

진리를 여러 학문으로 들여다 보고, 그 결과물들을 조심스럽게 해석하고 조합할 때 비로소 그 진가가 드러난다는 것입니다.

그러니 우리가 할 것은 학문 교류를 통해 서로가 가진 발달 방식의 생소함을 극복하자는 것입니다.

이는 극단적으로 말해서, 논리를 선호하는 학문은 논리로만 연구하고, 직관을 동원하길 좋아하는 학문은 직관의 결과물만을 퍼뜨리게 된다는 이야기입니다.

특히, 다른 문화에 대해 배타적인 환경에서 살아가는 우리나라는 학문 활동에도 배타적인 경우가 많습니다. 서구에 비해 학문별, 전공별 차이를 넘는 교류가 더 적었다는 이야기입니다.

이런 교육의 현실을 걸어오고 있었기 때문에, 우리는 진리를 바라보기 위해 노력했다기보다 세상의 부분적인 면만을 바라보고 만족하며 살아왔다고 해도 지나친 말은 아닐 것입니다.

진리를 탐구하는 도구인 직관과 논리의 전형적인 대치 상황을 이야기하자면, 물리를 공부하는 사람들과 화학을 공부하는 사람들의 경우입니다.

물리를 공부하는 사람들은 자연 속에 존재하는 하나의 개체를 고정된 것으로 보지 않습니다. 그들은 그 개체가 시간의 흐름과 공간의 이동에 따라 갖출 모습을 봅니다.

화학자들은 어떤 좋은 물질이 우연히 발견되었다면, 그것은 우리의 인위적인 정의 안에서도 의미를 가질 수 있다고 말합니다.

직관은 큰 틀을 본다고 하였습니다만, 그 큰 틀은 시간의 흐름과 공간의 이동에 따라 반드시 일어나고야 마는 일들의 집합체입니다.

논리는 부분적인 것에 집중한다고 하였는데, 그 부분적인 것이 우연히 일어나더라도 의미 있다고 말한다는 것입니다.

직관의 물리와 논리의 화학이 이 지점에서 큰 충돌을 일으 킵니다.

둘의 어우러짐은 성과로 드러난다

그런데, 성과를 내는 사람은 양단의 도구를 모두 이해하는 사람이어야 합니다.

즉, 반드시 만들어지고야 마는 시간과 공간의 짜임 속에 어디선가 갑자기 툭 하고 어떤 물질이 떨어지더라도 받아들일 준비가 된 사람을 말합니다.

우리의 교육 현실을 생각할 때, 두 도구에 모두 익숙한 사람을 현장에서 찾아보기가 지극히 드뭅니다.

직관과 논리라는 도구를 학교에서 모두 익히기 힘들뿐더러, 현장에서까지 다듬어지도록 하는 것은 더더욱 어렵기 때문입니다.

여기까지가 우리나라의 교육이 걸어왔고 또 산업적으로 겪고 있는 양단이 분리된 도구 활용의 현실입니다.

둘의 어우러짐은 성과로 드러난다

그러나, 우리는 이 양계농장의 이야기를 통해 성과는 직관과 논리의 어우러짐으로 주어짐을 알게 되었습니다.

또 어우러짐의 정도도 우리가 조절할 수 있음을 알게 되었습니다.

성과를 얻기 위해 우리가 할 일은, 하나의 일을 두고 두 도구를 골고루 배치하는 것입니다. 실질적인 조치로는 두 도구의 전공자를 어우러지게 하는 것입니다.

더 효율적인 기계를 만들고자 한다면, 직관의 도구를 가진 기계공학자와 논리의 도구를 지닌 재료공학자를 같이 일하게 하면 됩니다.

기계공학자는 먼저 직관으로 새로운 기계라는 큰 틀을 그립니다. 그리고, 기계공학자의 입장에서 새로운 기계를 채울 새로운 부품을 연구하고 재료공학자는 새로운 부품과 관련한 소재를 연구하면 됩니다.

　더 파워풀한 경영전략을 짜고 싶다면, 기업환경의 부분적인 면을 다루는 경영학 전공자와 경제라는 큰 틀을 들여다볼 물리학 전공자를 같이 배치하면 됩니다.

　직관으로 들여다 본 큰 규모의 경제 현실이 논리로 들여다본 부분적인 경영전략에 반영된다면, 분명히 전략의 정확도는 높아질 것입니다.

물리학과 같은 직관의 전공으로는 수학이 있고, 공학 분야에서는 기계공학, 전자공학 등도 있습니다. 철학이나 인문학에서도 직관의 도구를 선호하는 것으로 알고 있습니다.

　경영학과 같은 논리의 전공으로는 재료공학, 공업화학이 있고, 이학으로는 생물학, 화학, 의학이 있습니다.

이제 마주한 현실에 맞게 양단의 도구를 어우러지게 하여 현실에서 원하는 성과를 이끌어 낼 때입니다.

.

손에서 원고를 놓으며…

이 이야기는 저의 연구 경험을 바탕으로 하고 있습니다.

박사과정 동안 세상에 없던 디바이스를 구현해 냈습니다.

그 배경에는 새로운 디바이스 설계에 필요한 반도체공학을 공부하고, 재료를 다루는 재료공학을 공부한 경험들이 있습니다.

그때 반도체공학은 직관의 학문이고 재료공학은 논리로 풀어가는 학문임을 알게 되었습니다.

2005년도 즈음부터는 경제경영 서적들에 관심이 생겼습니다.

그런데, 반도체라는 눈에 보이지 않는 세계와 삶의 이익을 다루는 경영이 영역을 넘나드는 측면이 있다는 것을 알게 되었습니다.

저의 새로운 발견을 기업의 수입 증대나 개인의 자기계발에 대입해 보니 잘 먹히더라는 것을 경험했기 때문입니다.[5]

이윽고 이 원리를 알려야겠다고 마음먹었습니다.

곧 동화 작가를 찾아갔고 스토리 짜는 방법을 배웠습니다. 삽화로 뼈대를 세우고 글로 살을 붙이고… 그렇게 이 이야기는 완성되었습니다.

저의 조그만 노력이 여러분의 상황에 작게라도 도움이 되길 바라겠습니다.

---

5   그때 스타트업은 큰 사옥으로 옮겼고, 개인들도 그 분야의 리더가 될 만한 성과를 보였습니다.

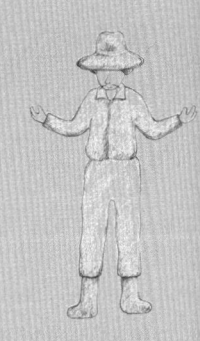